손바닥문고 시리즈 1탄

하찮은 뽑기 장난감들

이스안 끄적&찰칵

토이필북스

인생은 뽑기같은 것

인생은 꼭 뽑기 같다. 내가 어떤 부모 밑에서 태어날지 예측하기 어렵고, 부모도 어떤 자식을 낳게 될지 예측하기 어렵다. 내일은 어떤 일이 닥칠지, 앞으로 어떤 새로운 인연이 생길지, 내가 언제 이 세상을 떠나게 될지도 정확히 알 수 없다. 아직 오지 않은 미래를 궁금해 하는 것이 삶을 살아가는 원동력이 되기도 한다. 뽑기도 그렇다. 뭐가 나올지 두근두근 기대하는 마음이 뽑기의 묘미다. 뽑기 앞에서 우리는 기뻐하고, 좌절하기도 한다.

유년시절, 엄마를 졸라 받아낸 동전들을 뽑기로 탕진하던 시절이 생생하다. 그런데 이제 나는 언제 부모가 되어도 이상하지 않을 나이가 되었다. 참 황당하기 그지없다. 나는 아직도 내가 어른이라는 게 실감이 나지 않고, 여전히 뽑기 기계 앞을 서성거리다 동전을 넣어버리는데 말이다. 나도 이런 지독한 키덜트가 될 줄 몰랐다.

이 책은 뽑기 기계에서 뽑은 하찮은 장난감들을 간단명료하게 소개하는 책이다. 그리고 그 대부분은 내가 유치원생 시절부터 중학생 시절까지 뽑은 것이다. 하찮고 쓸모없을지라도, 나에겐 하나 하나 모두 추억이다. 독자들도 이 책을 읽으며 초딩 시절을 추억하길 바란다. 마치 나무의 나이테처럼, 어린 시절의 내가 내 안에 그대로 남아있다는 건 매우 행복한 일이니까.

목차

인생은 뽑기같은 것 4

? 피규어 같은 게 나왔어! 11

? 열쇠고리 같은 게 나왔어! 29

? 후레쉬 같은 게 나왔어! 39

? 피리 같은 게 나왔어! 47

? 악세서리 같은 게 나왔어! 57

? 반지 같은 게 나왔어! 67

? 탱탱볼 같은 게 나왔어! 77

? 이것저것 나왔어! 83

피규어 같은 게 나왔어!

새침한 고양이 피규어 특별히 아낌
높이 2cm
가격 100원

이 매우 작은 고양이는 푸른 눈두덩이, 빨간 입술, 분홍빛 볼에 능글맞은 눈웃음을 짓고 있다. 세월이 지나 코 부분이 많이 까졌다. 내가 직접 뽑은 첫 뽑기 장난감으로 기억하고 있다.

중국 소녀 피규어
높이 3.5cm
가격 100원

양갈래 머리에 중국식 복장을 하고 있는 것으로 보아 게임 〈스트리트 파이터〉의 '춘리' 캐릭터로 추정된다. 얼굴이 매우 간단하게 표현되어 있고 전체적으로 조형이 엉성하지만 그런대로 매력있다.

미니 산타 피규어 특별히 아낌
높이 2.2cm
가격 100원

2등신의 초소형 미니 산타 피규어로, 선물 보따리를 들고 어딘가로 급히 달려가는 모습이다. 눈동자가 매우 대충 표현되어 있으나 그마저도 귀엽게 느껴진다.

귀염둥이 똥배 피규어 특별히 아낌
높이 4.5cm
가격 200원

똘망한 눈망울에 동그란 얼굴, 귀마개인지 단발머리인지 모를 분홍색 롤(?)머리, 노란 더듬이, 볼록 나온 똥배. 어디 하나 앙증맞지 않은 구석이 없다. 분홍, 노랑, 검정, 파랑 4색으로만 채색되어 있으며, 등 뒤에 달린 날개는 분실했다. 이 캐릭터가 어느 애니메이션에 등장하는지, 어떤 이름인지는 모르나 내 멋대로 '귀염둥이 똥배'라는 이름을 붙여주었다.

전투병 피규어
높이 6cm
가격 500원

한 손에는 총을, 다른 한 손에는 무전기를 들고 있다. 충격적이게도 총은 자신을 향하고 있다. 발판이 있어 세울 수 있게 되어 있으나 자꾸 앞으로 쏠려 쓰러지기 일쑤다.

전투병 미니 피규어
각 높이 2.9cm, 3.2cm
각 가격 100원

초소형 전투병 피규어로, 장총을 겨누고 있는 전투병 2개와 무언가를 겨누고 있는 전투병 1개를 소장하고 있다. 그 무언가는 원래 총인 것으로 추측되는데, 일부 파손된 것으로 보인다.

포켓몬스터 미니 피규어
각 높이 2.5cm
각 가격 100원

포켓몬스터의 캐릭터들을 대충 구현한 미니 피규어. 랜덤으로 미뇽, 근육몬, 그리고 질떡이로 추정되는 것을 뽑았다(tmi지만 내가 포켓몬스터 중에서 가장 좋아하는 캐릭터는 '뮤'다). 근육몬의 경우는 입과 눈동자 표현이 네임펜으로 그려진 것으로 보인다. 하지만 몇 백원짜리 뽑기에서 디테일을 바라는 게 잘못된 것이다.

파이리&리자몽 피규어
각 높이 3.8cm, 4cm
각 가격 200원

포켓몬스터에 등장하는 캐릭터인 파이리와 리자몽을 형상화한 피규어. 채색이 조금 허술하지만 캐릭터의 생김새가 나름 충실히 구현되어 있다.

잔디인형 특별히 아낌
높이 9cm (털 포함)
가격 100원

'트롤'이라는 난쟁이 캐릭터를 형상화한 것으로, '잔디인형'이라고도 한다. 주름진 얼굴에 볼록 나온 배, 그리고 머리 부분에 털이 한 뭉치 달려 있는 것(관리 안한 겨털 같기도…)이 잔디인형의 트레이드 마크이다. 오동통한 엉덩이도 매우 앙증맞다.

카트라이더 우니 피규어
높이 5cm
가격 500원

2000년대, 전국 초딩들을 열광하게 만들었던 넥슨의 전설적인 게임 〈크레이지 아케이드〉와 〈카트라이더〉의 등장 캐릭터인 '우니' 캐릭터를 형상화한 피규어. 카트를 조종하는 듯한 자세를 취하고 있으나 카트는 없다.

메이플스토리 달팽이 피규어
길이 3cm
가격 500원

게임 〈메이플스토리〉에 등장하는 달팽이 캐릭터를 형상화한 것으로, 원래는 몸통을 꾹 누르면 마치 구토를 하는 것처럼 입에서 쫀득한 물체가 확 튀어나왔다가, 손 힘을 빼면 안으로 다시 쏘옥 들어갔다. 시간이 지나 쫀득한 물체는 나도 모르는 사이 알아서 빠져나가고 없어졌다.

장군 도라에몽 피규어
길이 3.7cm
가격 200원

용맹한 장군의 모습을 한 도라에몽 피규어. 채색이 매우 대충 되어 있다. 발바닥에는 연필이나 펜에 꽂을 수 있도록 구멍이 뚫려 있다.

스팅몬 피규어
길이 6.1cm
가격 200원

〈파워디지몬〉의 '스팅몬' 캐릭터 피규어로, 사마귀의 모습을 하고 있으며 몸이 다부지다. 등에 달린 날개는 분실하였다.

전사 캐릭터 피규어
길이 5.3cm
가격 200원

나름 복근도 있는 건장한 체구에 갑옷을 착용하고 있으나, 얼굴은 다소 얼빵해 보이며 검의 끝도 매우 뭉툭하다. 전사의 패기는 찾아보기 힘들다.

시계몬 피규어
길이 4.8cm
가격 200원

시계의 모습을 한 캐릭터 피규어로, 한손에는 지팡이(?)를 들고 있으며 독특한 캐릭터 디자인이 돋보인다. 내 멋대로 시계몬이라는 이름을 붙였다.

할배 피규어
길이 4cm
가격 200원

흰 수염이 덥수룩한 할아버지 캐릭터 피규어. 해변에서 바캉스를 즐기고 있는 모습으로 추측된다. 손에는 음료를 꽂을 수 있는 구멍이 있으나 음료 모형이 딸려 있지는 않다.

텔레토비 미니 피규어 4종
각 높이 3cm
각 가격 100원

보라돌이를 제외하고는 캐릭터와 색감이 일치하지 않는다. 동그란 안테나의 뽀는 뚜비 색, 세모 모양 안테나의 보라돌이는 나나 색, 작대기 모양 안테나의 뚜비는 뽀 색으로 되어 있다. 엉망진창이다. 캐릭터의 특징을 무시한 채 무턱대고 대량생산을 한 듯 하다.

열쇠고리 같은 게 나왔어!

얼굴이 바뀌는 푸우 고리
각 높이 4.5cm
각 가격 500원

복부의 하트 모양 버튼을 꾸욱 누르면 푸우의 얼굴이 파라락 돌아가면서 랜덤으로 표정이 바뀐다. 활짝 웃는 얼굴, 눈을 감고 미소 짓는 얼굴, 놀란 얼굴, 속상한 얼굴 네 가지로 구성되어 있다.

장갑 고리
길이 5cm (고리 제외)
가격 200원

뜨개장갑 형상의 고리. 속이 뚫려 있지 않고 형상만 갖추고 있다. 그래도 200원으로 뽑은 것 치고는 나름 고퀄리티다.

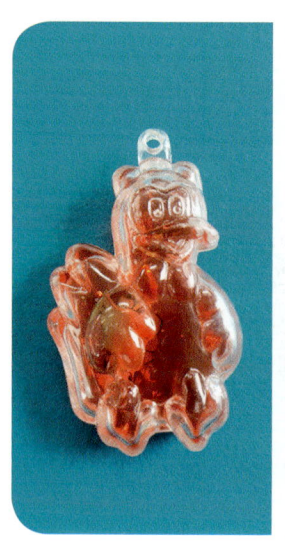 

붉은 닭 특별히 아낌
길이 6cm
가격 500원

치킨집을 연상케 하는 닭 캐릭터 모형 속에 붉은 액체가 채워져 있고, 그 안에는 공룡 이미지가 그려진 필름이 들어 있다. 당시에는 붉은 액체가 가득 들어 있었으나, 시간이 많이 지나 이제는 4분의 1만 남아 있다. 제작자가 어떤 의도로 이렇게 제작하였는지는 알 수 없으나, 붉은 액체는 어쩌면 양념치킨의 새빨간 양념을 뜻하는 것일 수도 있으며, 닭은 어쩌면 공룡의 후예일지도 모른다는 설이 있으므로 닭과 공룡의 역사적 관계를 상징하는지도 모른다.

붉은 집
높이 4,5cm
가격 500원

집을 재현한 모형 속에 붉은 액체가 들어 있으며, 그 안에는 'LOVE' 네 글자가 새겨진 하트 모형 역시 붉은색이다. 제작자가 어떤 의도로 이렇게 제작하였는지는 알 수 없으나, 왠지 한참 뜨거운 신혼부부가 사는 집이 아닐까 하고 추측해 본다. 그런데 액체가 조금씩 새는 모양인지 반 이상이 줄어 있으며, 흔들면 좋지 않은 냄새가 난다. 그리고 속에 이물질이 둥둥 떠다니는 것으로 보아 액체가 부패한 듯 하다. 신혼도 오래 가지 않는다는 것일까...?

철이 고리 특별히 아낌
길이 3.8 cm (고리 제외)
가격 500원

동그란 얼굴에 다소 놀란 듯한 표정, 조금은 붉게 상기된 볼을 보니 뭔가 심쿵한 상황에 놓인 것으로 추측되는 캐릭터다. 뒷면에는 '철이'라는 캐릭터의 이름이 심플하게 적혀 있다. 짝꿍으로 여자 캐릭터 '순이'도 있어야 할 것만 같다. 아, 고정관념을 뛰어넘어 짝꿍 남자 캐릭터 '석이'도 있으면 좋겠다.

클래식 하트 고리
길이 2cm (고리 제외)
가격 500원

붉은색과 보라색이 적절히 어울리는 클래식한 꽃 이미지가 하트 모형에 인쇄된 고리이다. 그 외 딱히 특별한 점은 없다.

애꾸눈 동물 고리
길이 4.5cm
가격 500원

머리와 털뭉치로만 구성된 동물 핸드폰 고리. 몸체 부분은 없다. 강아지인지, 여우인지, 고양이인지, 특정 동물로 확정하기 어렵다. 눈 한 쪽은 나도 모르는 사이에 분실되고 말았다.

캐릭터 고리
길이 5cm (고리 제외)
가격 500원

온몸이 초록색인 어느 남성 캐릭터가 흉기를 들고 비열하게 미소 짓고 있는 모습이 부조 형식으로 제작된 열쇠고리다. 게임 캐릭터로 추정된다.
(비교적 최근인 2019년 가을에 뽑음)

나비 고리
길이 2.8cm (고리 제외)
가격 100원

형광 노란색의 몸통에 반짝반짝 빛나는 필름 재질의 날개가 달린 나비 모형 열쇠고리이다. 반지로도 활용이 가능해 보인다.

후레쉬 같은 게 나왔어!

미니 손전등 특별히 아낌
길이 4cm
가격 500원

손전등을 축소한 모형으로, 마론인형과 크기가 맞다. 몸통 부분의 버튼을 위로 올리면 불빛이 켜진다. 현재는 더 이상 불빛이 나오지 않으나, 분해하기 쉽게 되어 있어 건전지를 교체할 수 있다. 분해한 결과, 기존 건전지의 내용물이 새서 내부가 오염되어 있으므로 재사용은 어려울 것으로 보인다.

미니 캠코더 후레쉬 특별히 아낌

길이 4cm
가격 500원

캠코더를 축소한 모형으로, 마론인형과 크기가 맞다. 측면의 네모난 버튼을 누르면 불빛이 켜진다. 현재는 더 이상 불빛이 나오지 않고 건전지를 교체할 수 없게 되어 있어, 그저 모형을 간직하는 것으로 만족하고 있다.

파란 벌레 후레쉬
길이 3cm
가격 200원

정체를 알 수 없는 형체의 벌레 라이트. 바닥 부분에 돌출된 버튼을 누르면 빛이 나온다. 그러나 작동하지 않은지도 한참이 지나 어떤 색으로 빛이 났는지 기억나지 않는다.

해골 후레쉬
길이 4cm
가격 500원

뒤통수에 돌출된 버튼을 누르면 눈과 턱에서 빛이 나온다. (현재 작동 불가)

축구공 후레쉬
지름 4cm
가격 500원

형광 연두색 축구공 모형의 후레쉬. 위쪽의 버튼을 누르면 빛이 나온다. (현재 작동 불가)

달걀 후레쉬
길이 5cm
가격 500원

달걀 모양의 후레쉬. 버튼을 누르면 빛이 나온다. (현재 작동 불가)

돌핀샤크 불빛반지 **특별히 아낌**
길이 4.5cm
가격 1000원

상어의 형상을 한 불빛반지. 전체가 고무로 되어 있고, 방수 기능이 있어 물속에서도 빛을 낼 수 있다. 머리 부분을 꾹 누르면 빨강, 초록, 파랑의 세 가지 색상의 불빛이 정신 없이 터져나와 마치 국빈관 나이트크럽에 입성한 듯한 느낌을 받을 수 있다.
(비교적 최근인 2019년 가을에 뽑음)

피리 같은 게 나왔어!

분홍 두꺼비 피리 반지
길이 3.2cm
가격 100원

두꺼비의 형상을 한 피리 겸 반지. 입 부분에 네모 모양으로 구멍이 뚫려 있으며, 구멍을 물고 입으로 바람을 불면 "휘이익" 하는 탁한 바람 소리가 난다. 소리를 내려면 두꺼비와 입맞춤을 해야 한다는 단점이 있다.

꽃 나팔 피리
길이 4cm
가격 100원

허름하고 작디작은 나팔 따위로 보이겠지만, 불면 꽤 시끄러운 소리가 난다. 호신용으로 사용하기에는 살짝 부족하지만, 소음으로 누군가를 괴롭히기에는 적합해 보인다. 연두색 꽃 부분과 흰색의 막대 부분이 손쉽게 분리된다는 단점이 있다.

거북 피리
길이 3.4cm
가격 100원

거북이 모양의 피리로, 이 피리 역시 소리를 내기 위해서는 거북이와 입을 맞추어야 한다는 단점이 있다. 탁하게 '휘이익' 하는 소리가 난다.

나비(?) 피리
길이 3cm
가격 100원

나비인지 파리인지는 구분하기 힘드나, 나비로 명명하였다. 미소를 띤 얼굴에 왕관을 착용하고 있으며, 몸통 아래에 구멍이 있다. 입에 물고 바람을 불면 "휘이익" 소리가 난다. 크기가 작은 것 치고는 소리가 큰 편이다.

축구공 호루라기
길이 4cm
가격 100원

호루라기의 몸통 부분이 축구공 모양으로 되어 있다. 입에 물고 불면 소리가 나지 않고 안에 들어있는 구슬만 흔들리는 소리가 날 뿐이다. 구슬은 검정색이며, 호루라기에 있는 구멍이 구슬보다 작아서 빠져나올 걱정은 없다. 호루라기의 제 기능을 하지 못한다는 큰 아쉬움이 있다.

노랑 잉어 피리
길이 4cm
가격 100원

잉어로 추측되는 피리. 눈과 눈 사이가 매우 멀다. 소리를 내기 위해서는 잉어와 입을 맞추어야 하며 "휘이익"하는 탁한 소리가 난다.

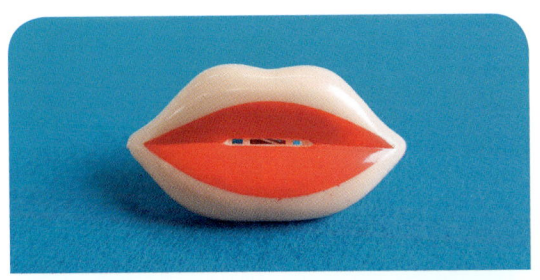

입술 모형 나팔
길이 5.6cm
가격 200원

입술 모양 뒤에 돌출된 부분이 있어 입에 물고 바람을 불면 크게 "뿌우-"하는 소리가 난다. 굉음을 내며 친구들을 놀려 주는 용도로 추측된다.

비닐 나팔
길이 4.8cm 늘어났을 때 길이 21cm
가격 100원

구멍에 입을 대고 바람을 불면 "뿌우우" 하는 큰 소리와 함께 동그랗게 말려 있던 비닐 부분이 활짝 펴진다. 친구의 얼굴을 향해 불며 괴롭히기 좋다.

악세서리 같은 게 나왔어!

캐릭터 방울 머리끈
길이 6cm
가격 100원

양갈래 머리를 한 어린아이의 얼굴이 양쪽에 하나씩 달린 머리끈이다. 세월이 지나 고무줄이 많이 삭았는지, 조금만 늘여도 "빠지직" 하고 고무가 끊어지는 소리가 난다.

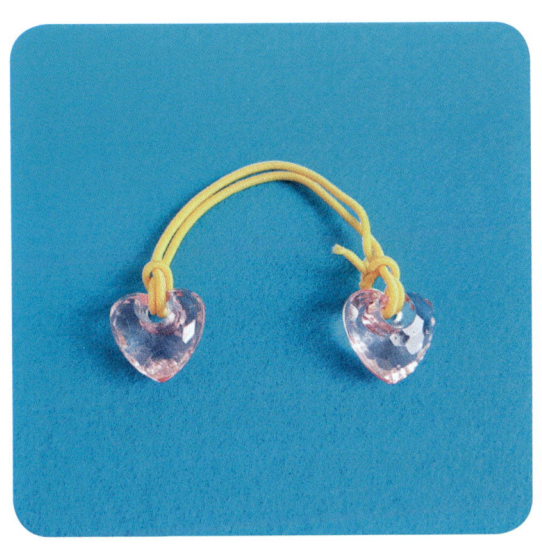

하트 방울 머리끈
길이 5.7cm
가격 100원

하트 모양의 큐빅이 양쪽에 하나씩 달린 머리끈이다. 이 머리끈 또한 세월이 지나 고무줄이 많이 삭았다.

알록달록 머리끈
각 지름 4.6cm
각 가격 100원

줄이 여러 개 달린 머리끈이다. 이걸로 머리를 묶으면 한번에 머리끈 여러 개로 묶은 효과가 난다. 세월이 많이 지났지만 고무줄이 아직도 쌩쌩하다.

달&하트 목걸이
길이 23.5cm
가격 500원

달과 하트 모양 장식이 달린 목걸이다. 착용한 적이 한번도 없으나 세월이 지나 군데군데 녹이 슬었다. 모양은 예쁘지만 실제로 착용하면 목이 빨갛게 부어오를 것 같다.

장미 비즈 팔찌
길이 5cm
가격 100원

장미 모양의 비즈가 엮인 팔찌. 3~5세 어린아이의 손목에 맞을 듯한 작은 크기다.

비즈 팔찌
길이 5cm
가격 100원

꽃 모양과 원기둥 모양의 비즈가 엮인 팔찌. 이것 또한 3~5세 어린아이의 손목에 맞을 듯한 작은 크기다.

진주 팔찌
각 길이 23cm
각 가격 100원

인조 가죽 재질의 끈에 진주 비즈가 다섯 개씩 엮여 있고, 직접 매듭을 지어 묶는 팔찌다. 각각 빨강, 노랑, 연두, 하늘 네 가지의 색상이 나왔다.

삔 모음
각 길이 1.7~3.8cm
각 가격 100원

해바라기 모양, 빗 모양, 손바닥 모양, 바나나 모양 등 다양한 형태와 색상의 삔 모음. 100원짜리 뽑기에서 하나씩 나온 것이다.

인조 손톱
각 길이 1.8~2.8cm
가격 100원

새빨간 색상의 인조 손톱이다. 친절하게도 여분 개수를 포함하여 열네 개가 들어 있다. 손톱에 부착할 수 있도록 손톱 모양의 양면테이프도 같이 들어 있었다. (이렇게 보니 꼭 아파트 주차장에 늘어놓고 말리는 고추들 같다)

반지 같은 게 나왔어!

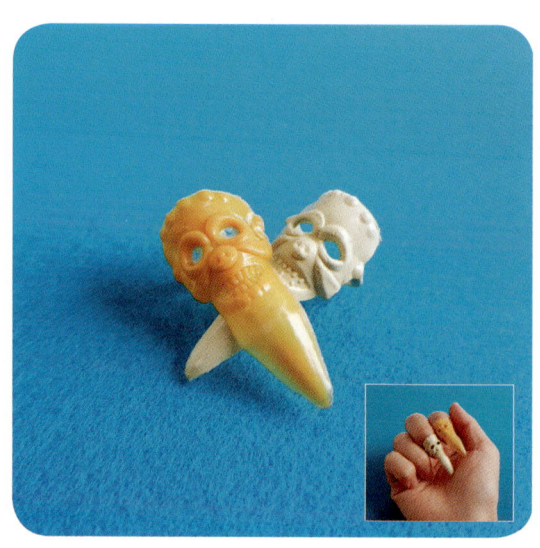

해괴망측 가면 반지
길이 3.8cm
가격 100원

프랑켄슈타인을 연상케 하는 해괴망측한 얼굴이 새겨진 반지. 손가락 끝에 끼워 마치 마녀의 손톱처럼 보이도록 하는 용도로 추측된다. 끝이 뾰족해서 가려운 곳을 긁기에도 적합한 듯 하다.

해골 반지
높이 2.5cm
가격 100원

핑크색 고글을 낀 보라색 해골 얼굴에 눈알이 달린 반지이다.
흔들면 "도륵도륵" 하고 눈알이 구르는 소리가 난다.

S반지
길이 1.9cm
가격 100원

S자 모형을 중심으로 파란색 비즈가 양쪽에 박혀 있는 쇠 반지. 세월이 지나 새카맣게 녹이 슬었다. 무엇을 형상화한 것인지 잘은 모르겠지만 뭔가 범우주적인 느낌이 난다.

선풍기 날개 반지
길이 2.5cm
가격 100원

빨간색의 링과 노란색 날개로 구성된 반지. 선풍기 날개를 닮았다. 그러나 아무리 바람을 불어도 잘 돌아가지 않는다. 그렇다고 예쁜 것도 아니다. 아쉬움이 많은 반지이다.

긴또깡 반지 (쇠 ver.)
길이 1.9cm
가격 100원

2000년대 초반 SBS에서 방영된 〈야인시대〉의 주인공, 김두한의 일본 이름인 '긴또깡' 세 글자가 새겨진 반지. 이 반지를 끼면 마치 어떤 적이든 손쉽게 물리칠 수 있을 것만 같은 파워가 생겨날 것 같다. 쇠 재질이다 보니 글자 부분을 제외하고는 녹이 슬었다.

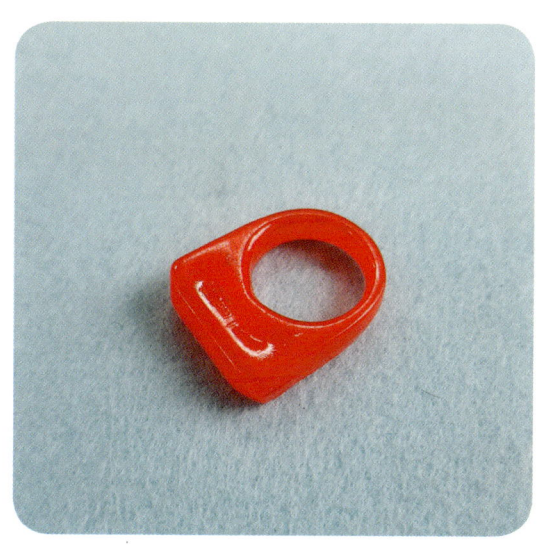

긴또깡 반지 (플라스틱 ver.)
길이 2.7cm
가격 100원

붉은색 플라스틱 버전의 또 다른 긴또깡 반지. 자세히 들여다보면 '긴또깡' 이름 석 자가 새겨져 있다. 역시나 이 반지를 끼면 파워가 생겨날 것 같다.

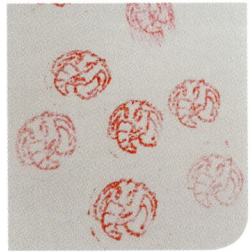

코끼리 도장 반지 특별히 아낌

길이 2.7cm
가격 100원

뚜껑을 열면 코끼리 그림의 무늬를 찍을 수 있는 반지. 이 반지를 끼고 있다가 만나는 친구들마다 손등에 코끼리를 찍어 주면 '손등에 코끼리를 남겨 준 친구'로 인상 깊게 기억될 수 있을 것이다. 나의 네 번째 손가락에 꼭 맞는다.

비즈 반지
지름 2.4cm
가격 100원

1m도 안되는 작은 비즈가 촘촘히 엮이고 가운데에 꽃 모양 비즈가 끼워져 있다. 끈이 아주 얇은 고무줄이라 잘 늘어난다.

MB 반지
길이 1.8cm
가격 100원

과연 이 반지의 이니셜이 의미하는 바는 무엇일까. 이명박 전대통령 정권 시절에 제작된 것일까. 제작자의 정확한 의도는 추측하기 어려우나 'MB 반지' 말고는 떠오르는 이름이 없다.

탱탱볼 같은 게 나왔어!

별 탱탱볼
지름 2.5cm
가격 100원

알록달록한 별 쪼가리들이 들어 있는 탱탱볼이다. 손에 힘을 싣고 바닥에 튀기면 과장 조금 보태서 아파트 5층 높이까지도 튀어오른다.
(비교적 최근인 2019년 가을에 뽑음)

고은재X코라크 콜라보 탱탱볼
지름 2.7cm
가격 100원

탱탱볼의 한 면은 '고은재', 다른 한 면은 '코라크'의 이미지가 보인다. 캐주얼한 옷차림에 뾰족하고 긴 검을 지니고 있는 이 고은재가 과연 누구인지, 어디에 등장하는 캐릭터인지 찾아보기 위해 초록창에 '고은재' '고은재 캐릭터' 등을 검색해 보았으나 관련 정보가 나오지 않았다. 반면에 '코라크'를 검색해 보니 레고 바이오니클 시리즈의 캐릭터라는 정보가 나왔다. 이 두 캐릭터 사이에 어떤 접점이 있는지는 추측하기 어렵다. (고은재가 도대체 누구일까…)

물고기 탱탱볼 특별히 아낌
지름 4.2cm
가격 1000원

투명한 탱탱볼 속에 분홍색 물고기와 펄 입자가 들어 있다. 이 탱탱볼을 손에 쥐고 있으면 마치 바닷속의 일부를 손 안에 가진 느낌이다. 다른 탱탱볼에 비해 조금 크고 무게가 있는 편이라 바닥에 튈 때마다 "퉁 퉁" 하고 둔탁한 소리가 난다. 맞으면 꽤 아플 것 같다.
(비교적 최근인 2019년 여름에 뽑음)

분홍 탱탱볼
지름 2.7cm
가격 100원

제목 그대로 분홍색의 탱탱볼이다. 이 역시 바닥에 튀기면 과장 조금 보태서 아파트 5층 높이까지도 튀어오른다.

보석 모양 탱탱볼 특별히 아낌
지름 2.8cm
가격 500원

동그란 형태의 일반적인 탱탱볼과는 다르게 표면이 보석과 비슷한 형태로 되어 있고 속에는 펄 입자가 들어 있다. 표면이 매끄러운 형태가 아닌데도 불구하고 잘 튕기는 편이다. 예뻐서 자꾸 들여다보고 만지작거리게 된다. 튕기면서 가지고 놀기에는 좀 아깝다는 생각이 든다.
(비교적 얼마 전인 2016년 봄에 뽑음)

이것저것 나왔어!

미니 구슬동자
높이 3.5cm
가격 200원

소심해 보이는 표정의 구슬동자. 뒤통수의 레버를 내리면 구슬이 튀어나간다. 기존의 구슬을 분실하여 굴러다니던 플라스틱 보석을 끼워 주었다.

정체불명의 벌레
길이 4cm
가격 200원

장수풍뎅이를 연상케 하는, 다리 여덟 개를 지닌 벌레 모형. 과연 정체가 무엇일까. 얼굴을 살펴보니 놀랍게도 호빵맨을 닮았다. 장수풍뎅이의 몸통, 거미의 다리, 호빵맨의 얼굴. 서로 관계없는 3종이 짬뽕된 독특한 모습이다.

나뭇잎 속 양
길이 2.4cm
가격 200원

나뭇잎 속에 수줍은 표정과 동작을 취하고 있는 양 캐릭터와 그 아래에 'KISS YOU'라는 글자가 돋보이는 모형이다. 원래는 핸드폰 고리가 달려 있었으나 분실하였다. 제작자가 어떤 의도로 이렇게 제작하였는지는 알 수 없으나, 아마도 이 모형 속에 '사랑'과 '수줍음'이라는 감정을 표현한 것으로 보인다.

거북이
길이 4.7cm
가격 500원

새빨간 등껍질을 지닌 거북이 모형이다. 전체적으로 반질반질 윤기가 난다. 몸체에 바퀴가 두 개 달려 있어 굴리면서 가지고 놀 수 있다.

전투기 모형
길이 4cm
가격 200원

'스텔스'를 연상케 하는 전투기 모형이다. 전투기 위에 또 작은 전투기가 있다. 바퀴 세 개가 달려 있어 굴리며 가지고 놀 수 있다.

전투선 모형
길이 5.5cm
가격 200원

배 본체 윗부분에는 총을 겨누고 있는 전투병이 고정되어 있고, 아래쪽에는 바퀴가 달려 있어 굴리며 가지고 놀 수 있다.

파란색 자동차 모형
길이 3.9cm
가격 200원

본네트를 열고닫을 수 있게 되어 있는 자동차 모형. 바퀴가 달려 있어 굴리며 가지고 놀 수 있다.

연두색 바퀴 모형
길이 4.1cm
가격 500원

아래위로 바퀴가 두 개씩 달려 있는 바퀴 장난감. 놀이 방법은 추측하기 어려우나 그저 단순히 굴리면서 가지고 노는 용도인 듯 하다. '굴리며 가지고 놀 수 있다'는 반복되는 설명은 이제 여기서 마치겠다.
(비교적 얼마 전인 2017년 여름에 뽑음)

음식 지우개
각 길이 2.7cm ~ 4cm
각 가격 200원

햄버거와 샌드위치는 빵과 속에 든 야채 등이 모두 분리되고, 감자튀김은 감자와 케이스가 분리되는 식으로 조각마다 분리가 가능하게 되어 있다. 당시 캡슐 하나당 한 개의 지우개가 나왔다. 아까워서 여태 사용하지 않았다.

라면볶이 지우개
높이 3cm
가격 200원

시중에 판매되는 라면볶이를 형상화한 지우개. 제품 디자인은 10년도 더 된 디자인이며 바코드와 원재료명 등이 그대로 재현되어 있다. 오뚜기와 협의를 한 후 제작한 것인지는 확실치 않다. 컵라면 안에는 원래 라면사리가 원형이어야 하는데, 이것은 언밸런스하게도 라면사리가 네모 모양이다. 뚜껑은 분실하였다.

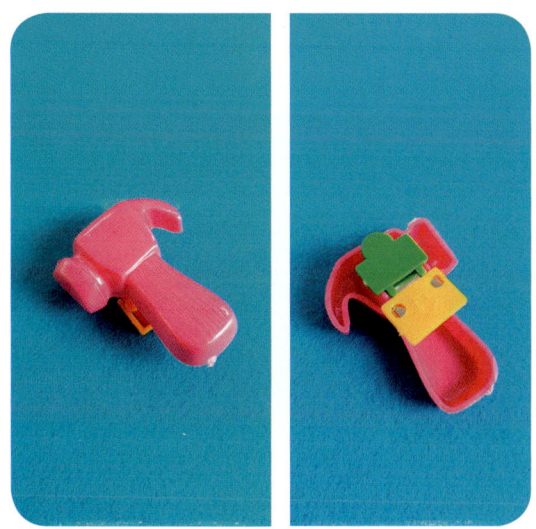

망치 똑딱이
길이 4cm
가격 200원

뒤에 달린 버튼을 누르면 "똑딱" 소리가 경쾌하게 난다. 이 소리가 어떤 용도인지는 잘 모르겠으나 버튼을 누르는 느낌과 소리가 은근 나쁘지 않아 자꾸만 똑딱 소리를 내게 된다. 손이 심심할 때 가지고 놀면 좋을 것 같다. 단, 주위 사람들에게 소음으로 피해를 줄 위험이 있다.

장수풍뎅이 똑딱이
길이 3.2cm
가격 200원

장수풍뎅이의 모양을 한 이 똑딱이 역시 뒤에 달린 버튼을 누르면 "똑딱" 소리가 난다. 자칫하면 장수풍뎅이가 똑딱 하고 운다는 오해를 심어줄 수 있을 듯 하다.

펭귄 다마고치 특별히 매우 아낌
길이 6.3cm
가격 500원

500원짜리 뽑기 기계에서 다마고치가 나오는 것은 거의 기적에 가까웠다. 이것은 아마 여러 차례의 뽑기 시도 끝에 뽑았던 것 같다. 그런데 이 다마고치에 화면이 나왔던 기억은 거의 없다. 손에 넣자마자 망가졌던 것 같다. 다섯 개의 버튼도 뭐가 뭔지 모른다. 뒷면의 건전지 뚜껑도 아주 오래 전 분실하였다. 그렇지만 이 펭귄의 형상이 적당히 촌스럽고 귀여워서 특별히 아낀다.

나루토 다마고치
길이 5.8cm
가격 500원

이 다마고치는 별 노력 없이 금방 뽑은 것으로 기억한다. 달걀 모양을 하고 있으며, 기기 상단에는 알파벳 D자가 빠진 채 'AMAGOCHI CONNECTION'으로 표기되어 있다. 화면 배경에는 나루토 이미지가 그려져 있으며 화면 아래에는 RESET, CANCEL, ENTER, SELECT 이렇게 네 가지의 버튼이 있다. 역시나 이 다마고치로도 무언가를 키운 기억은 거의 없다. 금방 망가졌던 것으로 기억한다.

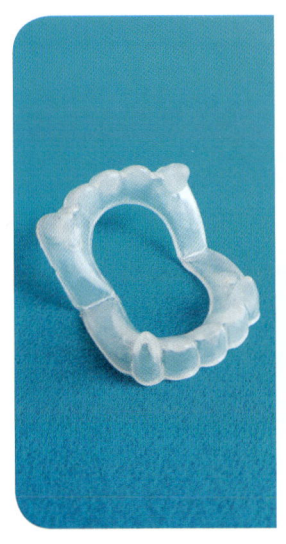 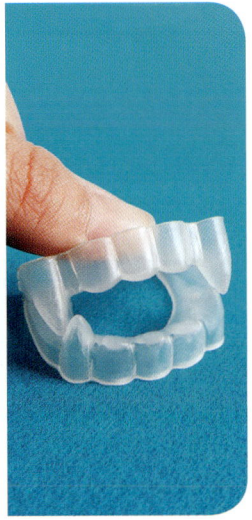

드라큘라 이빨
길이 5.7cm
가격 200원

이빨에 끼우고 드라큘라인 척 하는 용도의 장난감으로 보인다. 뾰족한 송곳니 포함 윗니 다섯 개, 아랫니 다섯 개로 심플하게 구성되어 있다. 4~7세의 어린아이의 입에 끼우기 적합한 크기이므로 성인에게는 맞지 않을 것 같다.

최신 황금강철 브롤러 딱지
길이 4cm
각 가격 500원

게임 '브롤스타즈'에 등장하는 캐릭터 형상의 철제 딱지. 딱지끼리 내리쳐서 뒤집히면 대결에서 진다.
(비교적 최근인 2019년 가을에 뽑음)

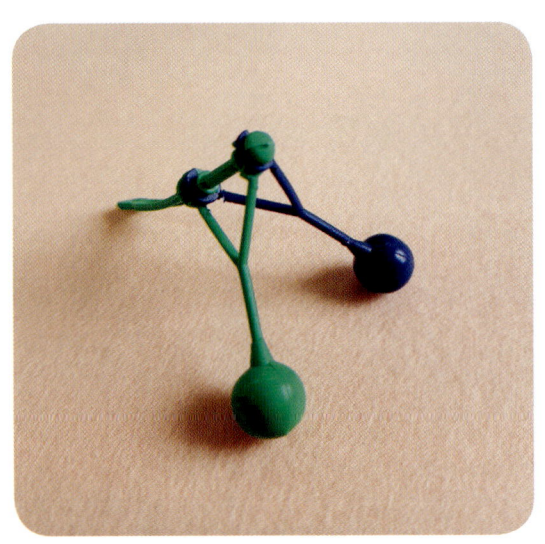

딱딱이
길이 6.2cm
가격 200원

두 개의 구슬이 달린 막대기를 마구 흔들면 구슬이 서로 부딪히며 "딱딱" 소리가 난다. 그래서 '딱딱이'로 명명하였다. 그 소리가 다소 경쾌하여 듣기에 나쁘지 않으나 주변에 소음공해를 일으킬 우려가 있다.

플라스틱 미니 화폐

높이 4.8cm

가격 200원

십원, 오십원, 백원, 오백원, 천억원, 수표 등 다양한 단위의 화폐 시리즈이며 화폐 오른쪽에는 강아지 캐릭터 혹은 강아지 이미지가 있다. 수표 단위에는 '이 수표 금액을 소지인에게 지급하여 주십시오. 거절증서 작성을 면제함'이라는 문구가 있다. 쉽게 구부릴 수 있는 플라스틱 재질이며, 어린이용 은행놀이 완구로 보인다. 화폐마다 P 12843, P 19391 등 숫자 단위와 별 개수가 각각 다른데, 카드놀이도 겸할 수 있게 디자인 된 것으로 추측된다. 불투명 버전, 투명 버전이 있다.

노란 상자
길이 3cm
가격 100원

마술놀이 상자로 추측되나 놀이 방법을 추측하기 어렵다. 연두색 버튼 부분이 눌리거나 움직이지도 않는다. 아무 짝에도 쓸모가 없다. 뽑기로서 아주 실패한 아이템이라고 할 수 있다.

병아리 삼남매 특별히 아낌
각 길이 3cm
각 가격 100원

노란 털뭉치에 검은 눈망울 두 개, 그리고 짧막한 다리 두 개가 달려 있다. 하찮아 보이면서도 은근히 보호본능을 자극하는 생김새의 병아리 모형이다.

마빡이 깜짝! 팔찌
길이 20cm
가격 100원

2000년대 중반 KBS〈개그콘서트〉에서 폭풍적인 인기를 끌었던 '골목대장 마빡이' 캐릭터가 그려진 쇠 팔찌. 꼿꼿하게 펼친 것을 탁 하고 내리치면 0.1초만에 동그랗게 말린다. 철제 줄자와 같은 재질이다. 마빡이 멤버 캐릭터와 실제 개그맨들의 사진도 인쇄되어 있다. 당사자들과 협의 후 제작된 것인지는 확실하지 않다. 뒷면은 의미 없는 단풍 무늬로 채워져 있다.

잡다 캐릭터 깜짝! 팔찌
길이 20cm
가격 100원

유니콘, 원숭이, 곰돌이 푸 등 다양한 캐릭터가 그려진 팔찌. 색채는 매우 촌스럽다. 뒷면은 자로 사용할 수 있도록 눈금이 그려져 있다. 팔찌를 다양하게 활용할 수 있도록 사용자를 배려한 점이 돋보인다(실제로 이 책에 소개된 대부분의 장난감들은 이 자로 치수를 쟀다). 팔목에 차고 있다가 자가 필요할 때가 생기면 펼쳐서 사용해도 좋을 듯 하다. 역시나 탁 치면 동그랗게 말린다.

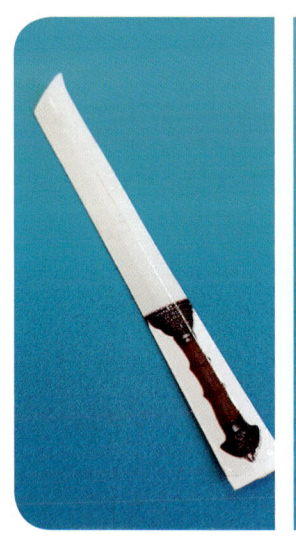

검 깜짝! 팔찌
길이 20cm
가격 100원

검을 형상화한 팔찌. 칼끝이 뾰족하게 되어 있고 앞면과 뒷면의 이미지가 동일하다. 역시나 탁 치면 동그랗게 말린다.

옛날 슬라이드 핸드폰
길이 5.2cm
가격 500원

2000년대 중반에 등장했던 슬라이드 핸드폰 모형. 화면이 동그란 모양이며, 모토로라 상표가 새겨져 있다. 과연 모토로라에서 이러한 모델을 출시한 적이 있었을까. (인류 역사상 최초의 핸드폰을 출시한 모토로라의 근황이 문득 궁금해 검색해 보니 휴대폰 뿐만 아니라 무전기와 전화기도 제조하며 건재하고 있는 것으로 보인다.)

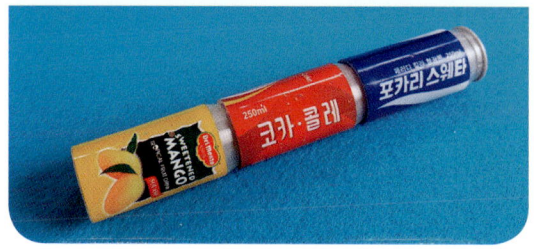

미니 음료 향기 형광펜
각 길이 4cm
각 가격 200원

망고 음료는 '만고', 코카콜라는 '코카콜레', 포카리스웨트는 '포카리스웨터'로 말장난을 하며 상표를 은근슬쩍 바꾼 것이 돋보인다. 이 미니 음료 모형은 단순한 미니어처가 아니라 형광펜이다. 그리고 달콤한 향기까지 난다. 세월이 오래 되어 이제 잉크는 거의 남아있지 않고 향기는 희미하게 남아 있다. 세로로 이어서 끼울 수 있게 되어 있다.

키티 피규어
길이 4.7cm
가격 500원

분홍색 아치 형태 위에 키티 모형이 고정되어 있다. 손가락에 끼우기도 헐렁하고, 대체 어디에 끼우는 것인지 추측하기 어렵다. 그냥 키티 모형만 있어도 괜찮았을 것 같다.

공룡 캐릭터 끈끈이
길이 4.8cm
가격 200원

공룡으로 추정되는 캐릭터 끈끈이. 색상은 형광 연둣빛이다. 쭉쭉 늘어나는 재질 특성상 여기저기 달라붙으므로 비닐포장한 채로 보관하고 있다.

핑크색 모형
길이 4.7cm
가격 200원

어떤 것을 형상화한 것인지, 어떤 용도로 제작된 것인지도 추측하기 어렵다. 전투기 같기도 하고 검 같기도 한데, 뒤에 막대를 끼울 수 있도록 동그랗게 구멍이 나 있다. 이게 끝이다. 이것의 정체는 과연 무엇일까.

괴짜가족 미니 트럼프 카드 특별히 아낌
가로 2cm 세로 2.8cm
가격 100원

일본 만화 '우당탕탕 괴짜가족'의 만화책 한 컷 한 컷이 그려진 미니 트럼프 카드. 50장으로 매수가 꽤 많다. 놀랍게도 전부 다 합쳐서 100원! 처음에는 카드가 모두 연결되어 있어 직접 하나 하나 떼어내야 했다. 만화책 원작은 흑백인데, 트럼프 카드에는 모두 알록달록하게 채색이 되어 있어 제작자의 노고를 엿볼 수 있다. 앞면에는 모두 먹보 캐릭터인 '후구오'의 이미지가 그려져 있다.

태극천자문 미니 카드
가로 2cm 세로 2.8cm
가격 100원

2007~8년에 KBS1에서 방영된 교육만화 '태극천자문'('마법천자문'과는 또 다른 만화이다)의 한자 학습 카드. 카드 앞면에는 커다란 한자와 함께 만화 주인공들이 모인 이미지가 있고, '한자 공부가 저절로 기억'이라는 문구가 적혀 있다. 뒷면에는 한자에 대한 정보와 공격력, 방어력, 에너지, 기억등급 등이 적혀 있어 카드놀이용으로도 활용할 수 있다. 소장하고 있는 카드는 총 12장으로, 아마 장수가 더 많았으나 분실한 것으로 추측된다.

벨트(?)
길이 8cm
가격 200원

벨트 같기도 하고 팽이를 돌리는 용도 같기도 한 이 장난감은 당최 어떻게 가지고 노는 것인지 추측하기 어렵다. 아무리 100원짜리 뽑기라지만 설명서라도 같이 들어있었다면 좋았을 것 같다. 뽑기로는 실패라고 할 수 있다.

고리 끼우기 캡슐
지름 3.5cm
가격 200원

구형의 캡슐 속에 두 개의 짧은 막대가 고정되어 있고, 두 개의 원반 고리가 들어 있다. 캡슐을 흔들어서 막대에 원반 고리를 꽂아 넣는 장난감이다. 이 활동이 쉬운 것 같으면서도 은근 어렵다.

팽이 모음
각 길이 2.7cm
각 가격 100원

개인적으로 뽑기 기계에서 팽이가 나오면 허탈하다. 팽이에 그다지 관심이 없기 때문이다. 그런데도 뽑기를 뽑다보면 팽이류가 곧잘 뽑혔다. 원형, 육각형, 톱니바퀴형, 바람개비형 등 다양한 모양을 소장하고 있다.

미니 요요
지름 2.8cm
각 가격 100원

지름이 3mm가 안 되는 작은 크기의 요요. 초록색 요요에는 스파이더맨이, 갈색 요요에는 이름 모를 파란색 동물이 그려져 있으며 흰색 실이 칭칭 감겨 있다. 요요는 세기말 즈음에 잠시 반짝 하고 유행했었다. 그러나 나는 요요에 전혀 재주도 없었고 관심도 없었다. 그리고 지금도 그렇다. 흰색 실이 필요할 때 활용할 생각이다.

플라스틱 눈알 구슬
지름 2.3cm
가격 500원

파란 눈동자의 눈알 형상으로, 핏줄이 참 가지런하다. 단단한 플라스틱 재질이므로 탱탱볼처럼 튀어오르지는 않는다.
(비교적 최근인 2019년 가을에 뽑음)

점핑아이
지름 2.5cm
가격 100원

반구 형태의 고무를 거꾸로 까뒤집은 다음 바닥에 두면 1초 후 팔짝 하고 튀어오른다. 세월이 지나 때가 많이 묻고 색이 변질되어 현재는 기능하지 않는다.

원반 모양의 요요
지름 4.2cm
가격 200원

원래는 실이 끼워져 있었고, 요요로 추정된다. 가지고 논 적도 없는데 어느새 실이 다 빠져 있었다.

토끼 장식
길이 5.8cm
가격 1000원

원래는 끈 형태로 된 고무 재질의 스마트폰 케이스였고, 가운데에 토끼 모양이 달려 있었다. 그런데 끈이 자꾸만 벗겨지기 일쑤라 화가 나서 토끼 부분만 두고 잘라서 버렸다. 귀여운 토끼는 차마 버릴 수 없었다.
(비교적 얼마 전인 2018년 가을에 뽑음)

스프링 장난감
높이 3.8cm
가격 500원

초록색과 노란색의 그라데이션으로 디자인된 스프링 장난감. 1m 이상 늘어나며, 원기둥 모양을 벗어난 다른 모양으로도 연출이 가능하다.

평창 비엔나인형박물관에 놀러오세요!

2019년 6월에 대관령에서 개관한 비엔나인형박물관은 이스안 작가를 비롯한 9명의 인형수집가와 인형작가가 모여 조성한 박물관입니다. 바비인형, 세계전통인형, 구체관절인형, 피규어 등 다양한 인형과 작품들이 키덜트족 여러분을 기다리고 있으니 꼭 방문해주세요!

강원 평창군 대관령면 솔봉로 296
문의전화 : 033-333-3330
홈페이지 : viennadollmuseum.com
인스타그램 : vienna_dollmuseum

마이너한 취향을 존중하는 출판사
토이필북스의 책들

나의 알록달록한 일본

내 멋대로 일본으로

유리코 - 호러 포토 에세이

담벼락 위 고양이들

도쿄 모노로그

후쿠오카 모노로그

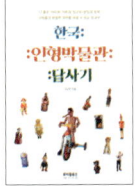
한국 인형박물관 답사기

오사카 모노로그

장난감 수집가의 음울한 삶

마네킹 시티 인 치앙마이

기요틴

다음 책은 무엇일까요?

이 도서의 국립중앙도서관 출판예정도서목록(CIP)은 서지정보유통지원시스템 홈페이지(http://seoji.nl.go.kr)와 국가자료종합목록 구축시스템(http://kolis-net.nl.go.kr)에서 이용하실 수 있습니다.
(CIP제어번호 : CIP2019043717)

ⓒ 이스안, 2019

초판 발행 / 2020. 1. 6.

펴낸곳 / 토이필북스
지은이 / 이스안
등록 / 2017-000016
팩스 / 02-6442-1994
메일 / toyphilbooks@naver.com

www.toyphilbooks.com
토이필북스는 키덜트 문화를 선두하고,
공유하는 출판 브랜드입니다.

이 책의 저작권은 저자와 토이필북스에 있으며
이 책에 실린 사진과 글의 무단 전재 및 복제를 금합니다.
잘못된 책은 바꾸어 드립니다.

ISBN 979-11-960284-9-7 (00630)